Marques Ardentes

Pensées nocturnes en poésie

CELESTE AN

À vous qui m'avez toujours soutenue avec une confiance inébranlable,

À vous qui avez rempli mes journées de sourires, d'attention, parfois de tristesse et de larmes,

À vous qui avez contribué à faire de moi la personne que je suis aujourd'hui,

À l'univers qui guide mes pas,

Je vous remercie.

QUI SUIS – JE ?

« Les titres des poèmes ont été volontairement mis à la fin des poèmes, afin de vous convier à mon jeu de devinette.

Je vous invite donc à découvrir les maux et les émotions cachés à travers mes mots, avant de vous référer aux titres. »

PRÉFACE

Je me tiens debout parmi les miens
Jugeant, à mon tour, la société qui me juge.
Société qui se dresse, somptueuse comme Maât
couronnée de sa plume de justice.

Elle se veut gardienne des valeurs morales.
Valeurs conservatrices ou libérales,
Objectives ou subjectives.
Nul ne sait où elle nous mène,
Mais elle est toujours apprêtée pour chaque saison.

Veuillez pardonner mes mots,
Car la crise existentielle a frappé à ma porte et me met à
l'épreuve.
L'épreuve de la vie, la recherche d'un sens,
Le véritable.

Il faut du courage pour être imberbe au pays des
barbus, nous apprend-on,
Car la différence est synonyme de rébellion.
Elle aime qu'on lui ressemble,
Car l'inconnu l'effraie. Elle l'a en horreur !
Et l'ignorance, comme le cancer qui se propage entre ses
veines.

Ceci n'est pas un ruisseau où coulent des mots doux et mélodieux.

À cœur ouvert dans toute sa complexité,
Avec mon ignorance, mes incertitudes.
Tout simplement un être en évolution.

I
LES PRÉMICES
DE LA DISCORDE

Elle est la première à me venir en mémoire
Tourmentant mon repos
De souvenirs incessants…

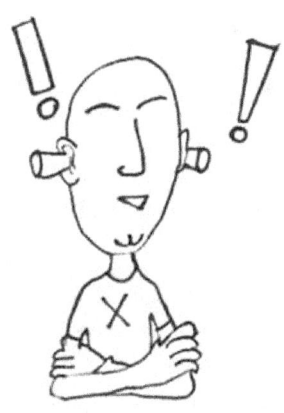

    Première entre toutes,
Elle est la mère de toute calamité.
Elle invite ses amies,
Sottise et indifférence, au festin maudit.

    Elle fait tomber les masques
Derrière les parures scintillantes.
Elle excelle dans l'art de l'illusion
Pour mieux corrompre.

    Elle accueille à bras ouverts,
Dépouille de tout bien
Et mène à la perdition.

Elle enferme l'esprit dans une cage dorée
Pour mieux l'apprivoiser.
Elle échafaude des plans
Pour nuire à la paix
Tant recherchée.

Elle se dresse à la tête des armées
Pour mieux diviser.

Elle accompagne ses confrères de notre temps
Pour engendrer la tempête.
Elle habille de peur et de haine
Pour mieux asservir.

La moquerie est son plus beau sourire.
Elle est souffrance et nous retient
Dans son étau.

Elle règne sur notre monde,
Puisque nous lui avons offert la couronne.

À l'heure de la moisson,
Elle nous condamne.
Elle a faim de nous.

L'ignorance

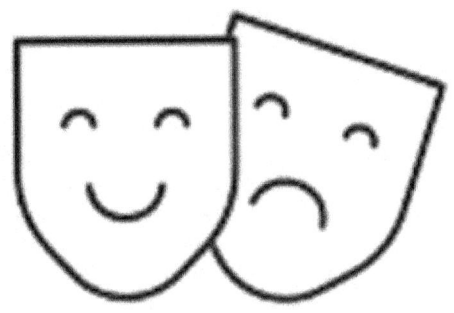

Tu es là, parmi nous
Répandant ta fausse modestie
Et offrant ton faux sourire.

Portant à la perfection
Le masque de la compassion
Qui cache tes réelles intentions.

Tu sais choisir les mots pour ton paraître,
Généreux de faux compliments
Et de gestes calculés.
Puis, dans le dos, tu viens nous poignarder.

Et quand, prise dans l'étau de la lumière,
Tu cherches ton ami, le mensonge, pour la route,
Pour t'aider à nourrir ta sœur pathétique d'amertume et de
jalousie.

Tu es le plus répugnant des vices,
Tu détruis la confiance, si difficile à construire.

L'hypocrisie

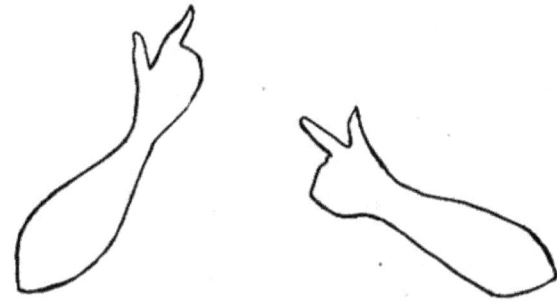

Comme une ombre tapie dans nos pas,
Elle grandit à son gré.

Personne ne trouve grâce à ses yeux,
Si ce n'est elle-même.

Elle se nourrit de mépris.
Un régime bien désolant,
Pour se préserver de l'envie.
Cette vorace !

Il n'y a point de place pour le bon sens
À son banquet,
Créant un fossé entre elle et les tendres qui tentent de la
raisonner.

Pour se protéger et savourer sa personne,
Elle se pare de dignité pour excuser ses défauts,
Car la vérité lui paraît comme une lumière ardente dans la
pénombre.

Suivant les saisons,
Elle adopte un style affirmé d'ingratitude,
De fierté, d'arrogance et de condescendance.

Avec elle, délicatesse est le maître mot
Tant ses cordes sont sensibles à la modestie.

Elle est celle qui précède la perdition,
La solitude et la ruine.

L'orgueil

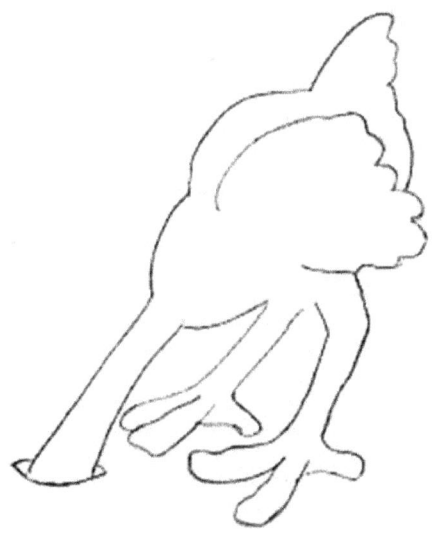

À vouloir cacher notre souffrance
Derrière des masques d'arrogance,
De fausse assurance,
De haine ou de médisance,
Nous mourons chaque jour un peu plus de l'intérieur.

Car la vérité nous précède toujours.
Elle est le reflet dans notre miroir.
Ce mal qui nous habite,
Celui-là même qui aime à détourner le regard,

Nous enlève toute humanité,
Nous mène au banc des accusés,
Car rien n'est plus inacceptable.

Ses victimes la condamnent
Au jugement du cœur.

L'indifférence

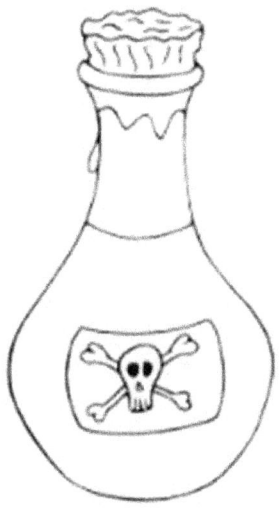

Personne ne connaît son origine véritable,
Mais certains clament que son amie colère le précède.
Et indifférence le suit dans son voyage suffisant.

Tel un cortège funèbre, il punit par son silence,
Provoquant l'effroi pour qui daigne croiser son regard.

Parfois, il se pare d'un sourire complaisant
Pour cacher ses pensées abjectes.
Il use de son regard plein de dédain
Et affiche un air de dégoût
Pour vous convaincre de sa supériorité.

Si le cortège gonflé d'insolence
Te pousse à détourner le regard
Et à te perdre dans la mélancolie,
Alors, ouvre les yeux et souviens-toi.

L'égo est le manteau dont se parent les hommes
Pour alléger le poids de leur stupidité.

Le mépris

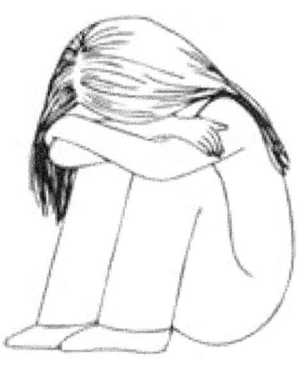

Comme un nuage sombre
Apparaissant par une belle matinée,
Elle s'impose à nous pour défaire le masque de
l'optimisme
Que nous portons pour nous rassurer.

Elle défie notre arrogance
D'avoir essayé depuis trop longtemps
D'être vaillant, sans faiblesse.

Et là, notre corps se plie,
Résistant contre cette invasion létale,
Tandis que notre esprit cherche à l'accueillir
Pour se laisser bercer dans le néant infini.

Puis, elle apporte avec elle
L'obscurité pour assombrir notre horizon,
Déformer notre vision.

Pour n'écouter que cette voix
Qui remplit nos cœurs de larmes
Et notre tête de pensées abjectes qui nous paralysent.

Elle nous maintient la tête sous l'eau
Et nous regarde sombrer.

Une fois qu'elle s'est installée,
Difficile de s'en défaire.
Si on n'a pas la chance d'avoir
Cette flamme vive d'un meilleur lendemain
Où le soleil brillera de nouveau.

Cette flamme, il faut la trouver,
L'apprivoiser,
L'aimer et la chérir
Pour relever la tête,
Car la vie est tout sauf futilité.

La dépression

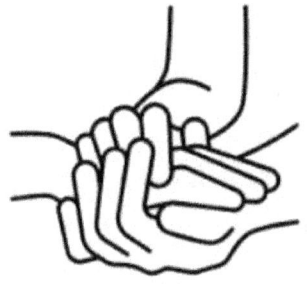

Il fait froid.
L'air est tranchant.
L'homme, qui erre,
Cherche dans chaque recoin de la ville
Une braise de chaleur.

Il regarde, tel un mort-vivant,
Les marcheurs se tenir la main.
Il verse une larme
Puis se cache le visage.
Il repense à sa vie passée.

Lui aussi autrefois avait une main à tenir,
Un endroit où l'on pouvait librement rêver de l'avenir.
Si partage et pardon existaient,
Ses souvenirs seraient moins douloureux.

Telle une fresque inachevée,
Les enfants le pointent du doigt,
Les marcheurs l'enjambent
Tel un obstacle à franchir.
Il n'attend que la fin.
Le cœur a beau être brisé,
La chair a besoin d'être nourrie,
Alors, il s'incline.

Dans ces cités, des hommes érigent
Des murs touchant les portes du ciel,
Construisent des engins révolutionnaires
Qui défient la vitesse de la lumière
Et qui frôlent la lune.

Mais, sous le ciel étoilé,
Vivent des hommes errants,
Nos aînés vivent dans la précarité
Ou dans des cages qu'ils appellent maison.
Des chats de gouttière me semblent mieux loger.

Des enfants mendiant pour une miche de pain,
Des mères vendant leur corps pour nourrir leurs chairs,
Des hommes se tuant à la tâche pour offrir un toit à leur
famille,
Le sourire jamais ne se dessinera sur ces visages.

La recherche du pouvoir
Engendre un fléau qui jamais ne connaît la satiété.

Les cités considèrent le monde comme des chiffres,
Mais les chiffres n'ont pas d'émotions.
Quelle tristesse que d'exister sans vivre.

La frustration appelle la rancœur, qui nourrit la haine.
Les cités tuent nos semblables et nous y participons.
On devrait tous avoir le droit de vivre avec dignité.

Expulsons nos préjugés, notre arrogance,
Notre égoïsme et notre suffisance,
Pour que tout le monde ait droit à un foyer.

La Misère

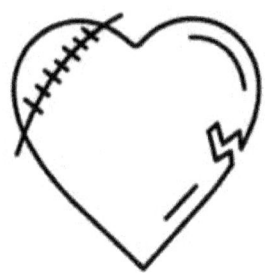

Oh ! Excuse-moi.
Tu me trouves étrange ?
Faudrait-il que je sois différente
Pour que tes yeux puissent m'observer ?
Que ton cœur puisse m'aimer ?

Ne suis-je pas de ton sang ?
N'ai-je pas été l'oreille qui écoute sans juger ?
L'épaule qui a épongé tes larmes ?
La main qui a tiré le fardeau qui te pesait ?
Le sourire qui t'encourageait ?

Maintenant,
Mon corps dérange
Mes pensées perturbent
Mes paroles divisent
Ma main emprisonne
Ma présence gêne.

Si, pour toi, l'eau que nous offre le ciel
T'apporte le crépuscule enchanté que ton cœur espère,
Pour moi, il a fané mes lendemains pleins de promesses.

Un nouveau jour se lève,
L'égo m'emporte.
Je ne rêve plus.

De mon souvenir
Ne reste plus que le silence.

Le rejet

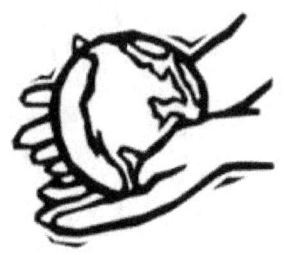

Elle s'approche,
Annonçant son règne suprême.
Elle aspire de la terre son breuvage
Pour la laisser desséchée, sans éclat,
Privant ainsi les Hommes des fruits qu'elle porte.

Elle fait fondre les rocs robustes,
Fier de leurs allures de géants,
Recouverts d'un manteau blanc,
Réveillant ainsi d'un profond sommeil
Le mal longtemps emprisonné.

Elle fait cracher du feu
Des entrailles de Mère Nature,
Malade de nos conquêtes incessantes.

Elle fait trembler les profondeurs,
Versant un torrent de larmes
Qui n'épargne rien sur son passage.

Elle se rit de nous à présent,
Car, après ses longs discours
Et ses intenses œillades,
Nous sommes restés sourds et aveugles
À ses supplications.

Nous creusons notre tombe
Sur le lit qui nous a vus naître,
À la recherche de richesses
Pour préparer un lendemain
Qui ne nous appartient pas.

Hommes fous, crie-t-elle
Quand elle souffle le vent
Qui emporte sur son passage des cités entières.

La déchéance

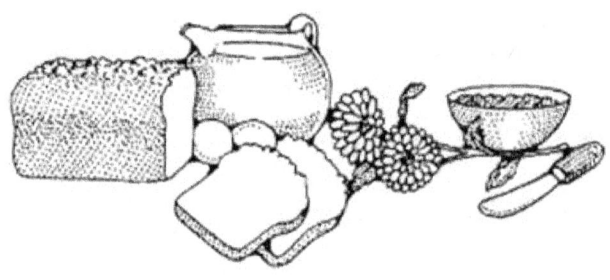

Deux convives sont assises à une table
L'une en face de l'autre
Dans le silence, elles se contemplent.

L'hôte apporte le festin.
Celle-là tire à elle tous les mets,
Celle-ci regarde le spectacle, le cœur meurtri.
Elle est trop faible pour se battre.
Alors, elle regarde celle-là
Se remplir la panse,
Tel un puits sans fond.

Celle-là exprime son appétit vorace
D'un rot caverneux,
Puis jette les os au chien,
Qui avait depuis le début du festin
Pris poste à ses pieds,

Suppliant celle-là de ses yeux ronds,
Pour un bout de viande ou d'os à ronger.

Celle-ci regarde celle-là sourire
Et caresser son ventre de satisfaction.

Quand enfin, celle-ci trouve la force de tendre le bras
Pour attraper les miettes tombées sur la table,
Celle-là arrache au chien l'os qu'elle lui avait donné
Pour le tendre à celle-ci.
De l'os ne reste plus rien.
L'âme en peine, celle-ci ravale sa fierté
Pour ronger l'os du chien.

L'hôte vient une fois de plus apporter un festin.
Celle-là, qui avait allègrement mangé,
S'empare de nouveau du banquet.

Celle-ci, une fois de plus,
Se retrouve désemparée
Et le chien, patiemment, attend son dû.

Repue, celle-là utilise les restes pour orner sa tête et
son cou
Puis s'enduit le corps du breuvage qui coule en
abondance,
Restant indifférente à celle-ci qui se meurt,
Le regard vitreux et éteint.

C'est le récit du dîner sans fin.

Qui de l'hôte, du chien, de celle-ci ou de celle-là êtes-vous ?

Pléthore & Disette

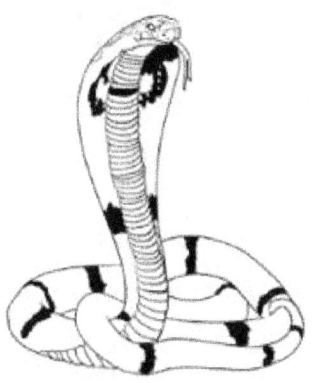

De ceux qui au nom de lois divines
Prescrites à l'aube des temps
Sèment la parole dans le vent !

Prenez donc garde aux vérités
Auxquelles vous accordez votre cœur,
Car nous ne sommes que des étoiles dans le firmament.

La parole est comme une mélodie
Incessante dans notre esprit.
Une fois prononcée,
Elle n'a ni mesure ni artifice.

Droit dans le cœur ou logée dans l'esprit,
Elle atteint sa cible.

De plus éloquentes et sophistiquées
Ont mené des hommes à la folie,

Elle se veut gardienne de la vérité,
Le chemin de la béatitude,
Mais aussi le grain de sable
Qui pervertit le cœur et l'âme.

Elle nous rend aveugles
Aux valeurs fondamentales de la vie et de l'amour qui nous
ont vues naître.

La langue fourchue

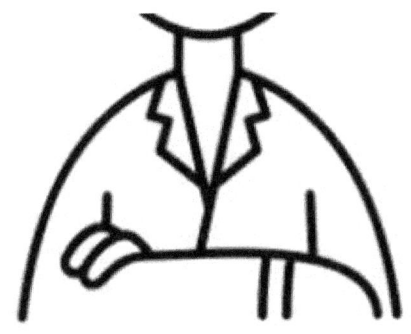

On dit qu'elle est la plus
Belle preuve d'amour.
Dans les contrées lointaines
Elle est synonyme de mauvais présage.

Dans les marécages,
Elle est tolérée à petite dose.

Tandis que sur la place publique
Elle est à éviter à tout prix.
Le procès de légitimité lui est féroce.

Elle est comme la mauvaise herbe
Cachée parmi les prémices,

Empoisonne le cœur même de la raison
Pour l'alimenter de chimères.

Elle est cette souffrance
Qu'on se refuse à s'avouer.

Elle fait mourir la confiance
Et l'amour si durement construit.
Elle infecte chaque particule
De ceux à qui nous tenons.

Pour nous laisser misérables et seuls
Quand elle a trop pris racine.

Une délicate calamité
Qui n'est jamais loin de notre cœur.

La jalousie

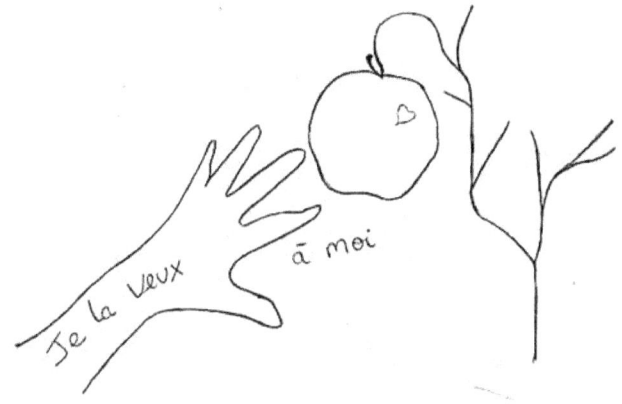

Elles se tiennent la main
Comme deux sœurs.

L'une le cœur toujours lourd de tristesse et de désespoir de ne pouvoir briller au firmament comme les siens,

Tandis que l'autre est exaspérée de devoir partager sa lumière pour exister.

L'une semble porter la calamité en fourrure et aime à se complaire dans la moralité.
Parfois elle peut même s'enorgueillir,
Confondant ambition et obstination.

L'autre, à force de comparaison, en oublie sa propre vertu et laisse sa lumière s'éteindre, ravivant davantage son obsession.

L'une comme l'autre se nourrit de dépit et peut conduire même le plus humble d'entre nous sur la voie de la sottise.

La convoitise

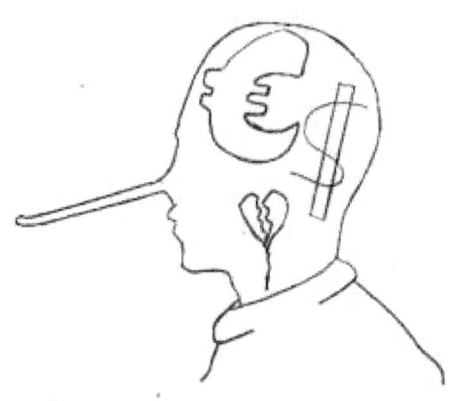

Ennemi attitré de la confiance,
Il est le maître de la tromperie.
Ses mots, comme un divin parfum de circonstance,
Vous enivre et vous berce d'illusions.

Il lui arrive parfois de se laisser prendre à sa propre espièglerie,
Tant ses tentacules sont longs et nombreux
Pour se voiler la face et maintenir son emprise.

Il est le génie caché
Dans les mailles de notre inconscient.

Toujours prêt pour la plus lâche des esquives,
Il nargue avec élégance, mais parfois de manière grotesque, l'intelligence d'autrui.

Il fait de l'ombre à la vérité
Et envahit chaque espace
Pour ne laisser qu'un tourbillon indigeste
De malhonnêteté et de trahison.

Gardien de ses intérêts propres,
Il est prêt à toutes les extravagances
Pour arriver à ses fins,

Faisant passer la culpabilité
Pour une délicate faiblesse.

Lui donner de la voix, c'est accepter de marcher en avant, tout en s'y enfonçant à chaque pas,
Tel un sable mouvant qui engloutit sa proie.

Le mensonge

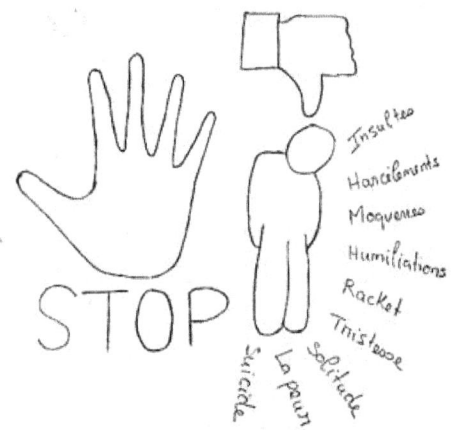

Subtil, complexe et impitoyable,
Il est le dernier-né d'une ère déjà obscure.
Le maître suprême de l'anarchie
Dans un monde où la lâcheté aime à se glorifier.

Il est la version 2.0 de ses confrères
Dont la réputation n'est plus à refaire.
Une abomination venue de la laideur de notre perversité.

Il est semblable à un virus logé dans notre cœur,
Nous faisant croire en un sentiment de pouvoir
Derrière nos écrans bleus
Ou dans la sécurité d'une meute.

Détruisant d'un clic ou de sa langue venimeuse
Une vie, un espoir, une réputation.
Il est le comble de la lâcheté,

Car il aime à tirer les ficelles,
Manipulant à son gré les esprits vides et meurtris
Pour assouvir ses desseins.

Il adopte une posture qui se fait imposture
Pour atteindre les plus vulnérables,
Usant de la technologie pour donner libre cours
À nos démons intérieurs.
Il est le juge et le bourreau,
Et la morale est son accusée.

Il exulte à voir sa victime
Se mourir à petit feu.

Véritable plaie sociale,
Il est putride et répugnant.
Lui faire face le rend sot.

Le harcèlement

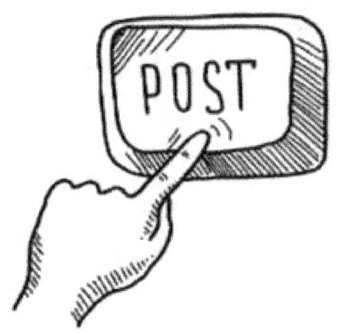

Quelle époque que la nôtre
Où la valeur porte les couleurs du paraître !
Être, c'est prendre le risque du rejet
Et du jugement.

Le jeu de l'illusion a pris ses marques.
Il est comme une parfaite étoffe.
Quand on y regarde de plus près,
L'observation révèle ses imperfections.
Il use de supercherie
Pour inspirer la jalousie des uns
Et l'admiration des autres,
Ne laissant nulle place à l'authenticité.

C'est une triste situation
Que de s'attacher aux choses éphémères
Pour un moment d'attention et d'admiration,

Révélant un manque profond d'estime et d'amour,
Un amas de non-dits, de douleurs, de peurs et de secrets.
Caché derrière un sourire presque mécanique,
Il se sert de nos préjugés pour nous berner.

M'as-tu vu

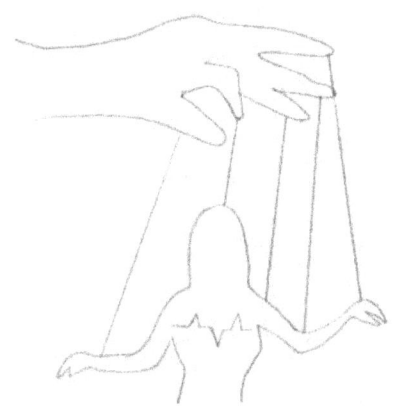

Il survient dans nos vies
Avec un air d'innocence,
Tout plein de charmes compliqués,
Clamant la bénédiction du grand destin.

Il apparaît comme le prix
Juste et mérité
Après les épreuves traversées.

Les paroles, entre ses lèvres,
Comme du miel,
Coulent délicatement
Dans l'esprit
Pour asservir le cœur de sa proie.

Il sait jouer de sa personne,
Prendre de la distance pour ne pas trop paraître,
Montrer de l'intérêt pour cacher son véritable être.

Il s'agit là du calcul d'un maître fétide.
Il se régale de cœurs fragiles
Cherchant désespérément
Dans le regard des autres
L'amour dont ils se croient indignes.

C'est ainsi que le semeur de larmes
Emprisonne sa proie dans un tourbillon d'émotions,
Puis dévore jusqu'à la plus infime estime de soi.

C'est un égoïste
Qui profite de la naïve bonté,
Car attiré par nos faiblesses.
Il est celui qui fait le plus de peine,
Un être méprisant et méprisable.

Le manipulateur

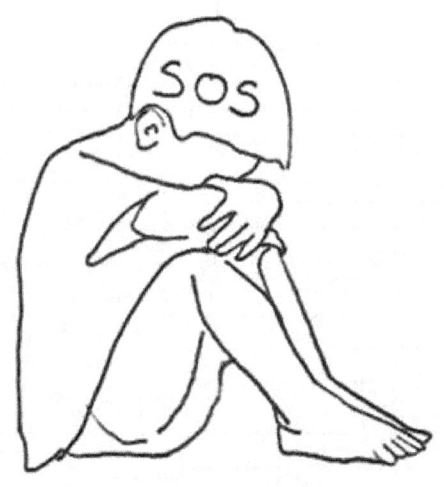

De toutes les pages que mes vers ont colorées,
Celle-ci est la plus difficile à peindre.
Le crime commis est si abominable
Que même la raison n'a voulu lui accorder
Qu'une syllabe,
À juste raison !

Il est le démon qui vient chuchoter à l'oreille,
Empoisonne jusqu'à la moelle.
Il n'a d'essence que de nourrir sa psychose
Malsaine et obscène.

Il ne connaît ni âge, ni couleur, ni valeur.
Il vient et s'octroie le gain
Qu'il estime être le sien,
Laissant sur son passage
Des victimes meurtries et déshumanisées.

Il est la main qui vient recouvrir notre visage
Pour nous empêcher de respirer,
De crier
Et même de pleurer.
Il nous paralyse.

Comme s'il n'était pas assez répugnant,
Il trouve son avocat parmi la société.
Le seul crime où le coupable est la victime.
Un crime qui a moins de valeur
Que de voler quelques billets.

Fort de son emprise,
Il aime à se métamorphoser
Une main levée,
Un mot tranchant,
Un geste subtil et déplacé,
Humiliation et violence sont ses compagnes.

Alors tu fermes les yeux.
Tu verrouilles ton cœur.
Tu te détaches de tout.
Ce n'est pas réel !
Si ! C'est réel !
Il faut que ça s'arrête !

STOP !

Souillée,
Tu te sens comme une épave à l'abandon,
Un déchet humain,
Un joyau brisé.
Tu veux mourir.

Non ! Tu veux vivre.

Tu ouvres les yeux.
Briser le silence,
C'est la seule arme
Contre ce crime.
Ne pas laisser le démon
Prendre jusqu'à ta liberté.

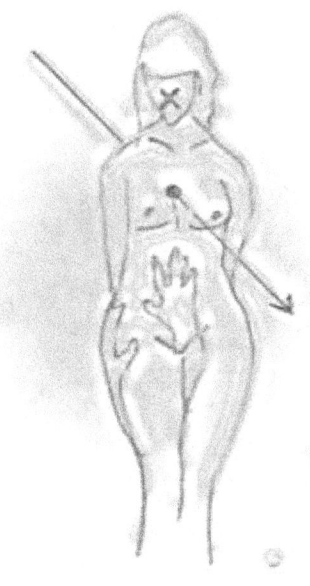

Le démon parmi nous

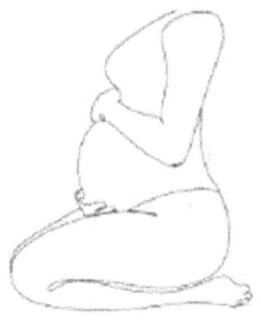

Depuis la nuit des temps,
Réduite à ta condition de génitrice
De servante ou d'esclave,
Tu as, malgré tous les vices subis,
Fais preuve de patience,

Cultivant ta persévérance,
Comme une toile tissée,
Pour léguer à ta descendance
Le fil de la liberté.

Ce cordon baigné de larmes et de sang
Traverse les générations,
Entre des mains qui sèment à leur tour
De petites graines d'espoir
Pour se rappeler le combat silencieux mené

Pour une place dans un monde
Dans lequel votre intellect est piétiné
Quand elle menace la virilité.

Qui donc est le mal né de rien ?
Celui-là à l'origine de cette sottise humaine
Qui trouve juste que celles, à travers qui l'humanité prend
vie,
Soient piétinées, réduites au silence, battues, humiliées,
violées
Par le seul fait d'être née femme.

Si elles sont si faibles, si inutiles,
Comment font-elles donc pour mettre au monde
Des hommes qui défient les étoiles, sauvent des nations,
et construisent le futur ?

Faut-il donc être morte pour être écoutée ?
Anéantie pour être aimée ?
Utile pour être respectée ?

Un monde sans femmes est
Un tableau vierge
Qui jamais ne prendra vie.

La misogynie

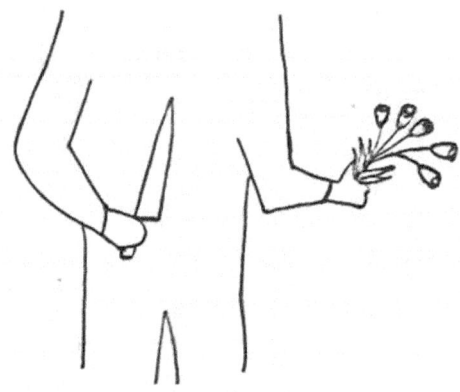

Notre devenir
Prend sa source
Dans notre enfance.
Quelle qu'en ait été la couleur,
Nous devons à un moment donné choisir !

Rester attaché au passé
Ou honorer la vie.
La porte de l'épanouissement
Ne peut être à la fois ouverte et fermée.
Notre temps alloué est trop infime
Pour se complaire dans nos malheurs.
Quand on enlève enfin les œillères
De l'égoïsme, de la vanité, de l'arrogance et de l'ingratitude,
Ce savant cocktail qui rythme notre existence,
On perçoit la beauté que nous nous évertuons
À ternir de par notre suffisance.

Ce sont des poisons mortels
Qui réduisent en cendres nos efforts
Pour retrouver notre humanité bafouée.
Le prix à payer n'a pas à être le malheur des autres.
Le chemin de la bêtise est sans fin.

Un cocktail destructeur

Essayant de voir à travers mon propre regard
Cette coquille physique que les autres percevaient de moi
Et qui était censée représenter toute la complexité de ma
personne.

On comprend très tôt
Que la vie est faite de cases.
Plus tu coches de cases,
Plus les choses seront beaucoup plus simples.

Qu'en est-il, alors, si aucun aspect de ta personne n'a
de case à cocher ?
Soit tu portes le masque adéquat
Pour avoir des cases à cocher,
Tu dénatures ton essence
Pour avoir le droit d'exister,

Tu portes le masque à la perfection
Tu le portes si bien
Que tu finis par croire qu'il a toujours été là.

Soit, tu refuses de cocher les cases
Pour écrire tes propres critères.
Tu arrêtes de t'excuser d'exister,
D'être différent des autres,
Et tu savoures la véritable liberté.

Pourquoi se plier aux règles
Pour lesquelles notre opinion,
Notre existence, n'a pas compté ?
Règles établies à l'aube des temps
Par des personnes qui ignoraient ce qu'est la beauté,
Qui n'ont pas quitté l'oasis de leur citadelle
Et qui ont réduit la beauté du monde
À leur propre reflet dans le miroir,
Désignant qui mérite l'amour et le respect.
Loin de nuire à qui leur ressemble,

Ces cases sont les prisons de l'esprit
Que nous adulons à travers les âges sans faiblir,
Ne laissant aucune chance à l'authenticité, à la tolérance,
au vrai.
Le paraître a toujours le dernier mot !

Pour moi, la beauté n'a pas de visage.
Elle est comme la plus belle des poésies,

Celle qui parle à mon cœur
Et accompagne ses battements.
Celle qui fait rougir par son charme éloquent
Et qui réveille des souvenirs enfouis.
Une symphonie à l'oreille,
Un sourire sincère,
Un cœur sur la main.

Les critères

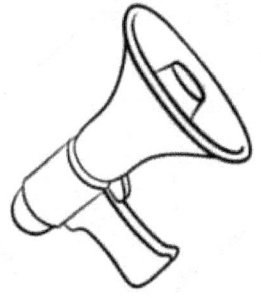

Maître incontesté de l'illusion et de la controverse,
Elle apparaît comme une vérité suprême
Que nulle théorie ne peut défier.

Assommant à coups d'ondes magnétiques
Nos cerveaux préparés
À accueillir le sermon quotidien
Qui nous fait oublier de douter de l'absurde.

Mensonge par omission
Pour servir son unique intérêt,
Abrutir pour mieux contrôler,
Asservir pour mieux régner.

Elle se glisse dans le système
Subtilement dès le plus jeune âge
À travers l'éducation, les institutions,

Pour nous maintenir dans l'ignorance.
Arme incontestée de l'asservissement,

Elle élève sans cesse la voix
Gonflée d'arrogance, de haine et de condescendance,
À la recherche du pouvoir absolu
Au prix de la violence ou de la guerre.

Il est temps d'ouvrir les yeux
De voir la vérité derrière les discours enflammés.
Cesser d'être le mouton qui suit le troupeau,
Mais le loup au regard avisé.
Souvenez-vous qu'un mensonge
Suffisamment répété devient une vérité.

Il faut s'armer de connaissance
Pour ne pas périr sous le poids de sa propre bêtise.

Propagande

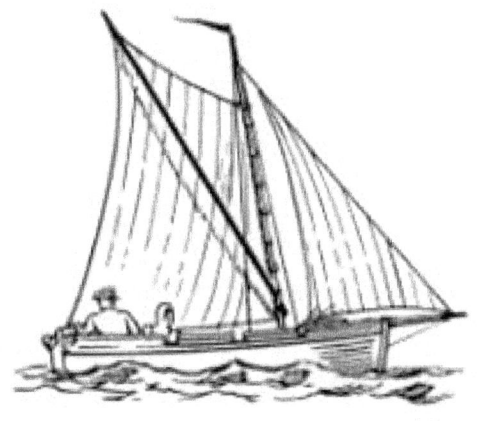

Assise face à l'immensité de l'océan
Une femme verse des larmes brûlantes
Espérant le retour du sujet de toutes ses prières

Parti pour une vie meilleure
Ou parti rejoindre le peuple de l'eau
Souvenir et espoir engloutis à jamais
Dans une attente meurtrière.

L'homme qui a fait ses adieux
Tue la peur, le regret, et son amour-propre
Nourri de l'espoir de revoir un jour les siens
Sous un ciel étoilé dansant aux sons
Des tamtams et des rires des retrouvailles.

Mais pour l'heure,
Avant de songer à cet avenir incertain,
Ils doivent affronter la fureur des vagues
Qui cherchent à les dévorer.

Serrés les uns contre les autres sur leur barque
solennelle,
Ils respirent ce même air de putréfaction de leur cœur
meurtri
Et de la peur qui les tenaille.

Quand vient la nuit, ils chantent vers la terre mère
Pour que le vent porte jusqu'aux oreilles de celles qui
patientent
Leurs cris de douleur.

Certains n'arrivent jamais à la terre promise,
Ils perdent la bataille avant même d'avoir vu l'horizon,
Victimes du ventre béant de l'océan,
De la faim, du froid ou du désespoir.

Et quand enfin apparaît la terre tant rêvée,
La désillusion est si grande
Que leur conviction les abandonne
Pour errer entre les vagues
Et rejoindre leurs semblables.

Ils prennent conscience,
Comme ceux avant eux,

Que leurs rêves viennent mourir devant les portes
Des frontières dressées par les hommes pour tuer la
liberté.

Mais il est trop tard,
Il n'y a pas de retour en arrière.

Mère, épouse et fille regardent vers le soleil,
Le seul pour qui le monde n'a pas de frontière,
Pour qu'il apporte sa chaleur à leurs bien-aimés.

Clandestin

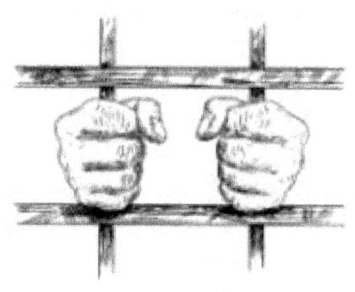

Ah ! Folie quand tu nous tiens !

Quel est donc ce mal
Qui, comme un virus,
Pénètre nos sens
Et nous emprisonne
Dans sa danse infernale ?

Allant jusqu'à troquer notre dignité,
Notre humanité, pour tes faveurs.
Pour ne pas avoir à affronter nos démons,
Affronter la douleur,
Affronter la vie.

Elle a plusieurs visages,
Elle est polyvalente, vous savez ?
Si une louange peut lui être faite
C'est qu'elle ne commet point de discrimination.

Elle se glisse derrière nos écrans
Pour nous abrutir dans un monde pavé d'illusions.
Elle s'infiltre dans les substances que nous ingérons
Pour nous convaincre que nous avons besoin d'elle.
Elle se tient à nos côtés devant le miroir
Pour nous faire croire qu'il nous en faut toujours plus,
Que nous ne sommes pas assez.

L'illusion qu'elle crée est si parfaite
Qu'il faut avoir connu la vraie liberté
Et la rage de vivre
Pour s'en défaire.

La vie, ça fait mal.
Ce n'est pas un secret.
Vouloir vivre sans avoir à connaître la douleur
C'est pure folie.

Addiction

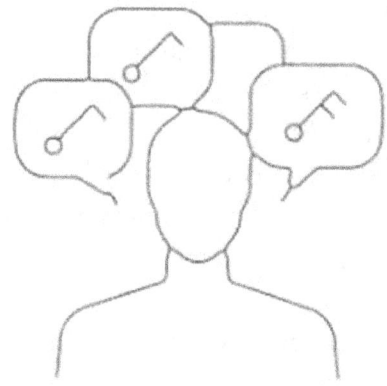

Trois frères se disputent le trône
De notre existence.
Tous trois accompagnés de féroces alliés
Prêts à tout pour régner sur notre monde.

Ces frères ont oublié la noblesse
D'un combat loyalement gagné,
Bâti sur de nobles causes.
Ils sont tombés dans l'excès
Et l'obsession maladive
Du pouvoir, de l'argent, de la surconsommation
Et de l'assouvissement de plaisirs éphémères
Qui les mèneront inéluctablement à leur perte,
Entraînant dans leur chute l'innocence,
L'amour et la compassion.

L'obsession est si grande
Que l'humanité n'y trouve plus son sens.
Au bout du compte,
Ces trois frères périront par leurs lames,
Et d'autres frères les remplaceront,
Car l'obsession est attachée à nous,
Comme nous à notre égoïsme.

L'obsession humaine

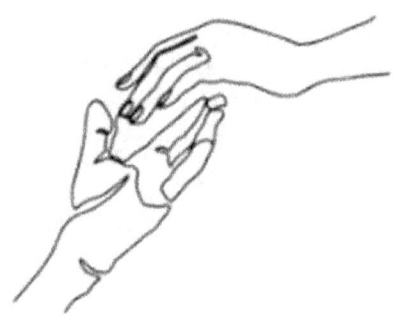

Le temps passe son chemin.
Il a, depuis longtemps,
Tourné la page du livre de la vie
Tandis que nos cœurs endoloris espèrent encore.

Les mots deviennent vides de sens,
Seuls les souvenirs nous rappellent le dur combat mené
Et la nostalgie d'un temps heureux révolu.

Ton visage si calme, si serein,
Mais ton regard si triste, si abstrait.
Ton silence laissait place à la mélodie de ton cœur
Protestant contre les caprices du temps,
Contre le fléau de la vie.

Calamité infâme et cruelle,
Destructeur de tant d'années bâties
De rires et d'espoir.

Tu nous imposes un dur apprentissage
Nous rappelant que de nous
Ne restera que la poussière.

Ni arrogance ni richesse ne siégeront à sa table
Elle nous rappelle de chérir
La seule chose qui lui résiste
Et que le temps ne peut effacer
L'amour.

La maladie

II

LES FRUITS
DE LA DISCORDE

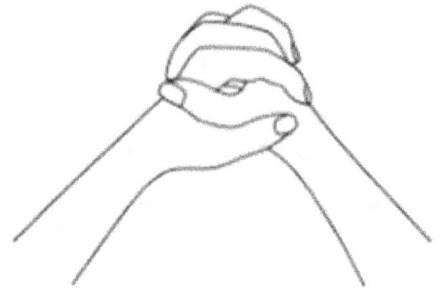

Réveillés d'un profond sommeil
Quand nos yeux s'ouvrent sur un nouveau soleil,
Nous oublions souvent de chérir ce moment.

Ce précieux moment
Où une autre chance nous est offerte
De faire mieux ou d'espérer.

Nous nous laissons alors à penser
Que la vie suit son cours savamment tracé,
Et, pour certains, que tout nous est dû.

Puis, l'ennui gagne notre vie
Pour endormir notre esprit.
Une illusion de contrôle et de paix
Qui nous empêche de nous poser les questions
essentielles.

À trop vouloir briller, nous en oublions que nous redeviendrons poussière.

Notre âme en perdition dans l'ombre de l'oisiveté de notre conscience,

Un regard sans vision.

L'ingratitude

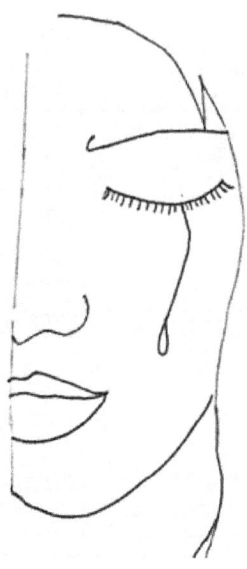

Quand il s'agit d'amour, nous
Sommes tous de piètres novices.
De beauté elle est l'essence,
De destruction, une arme.
Nous souffrons d'avoir été trop aimés,
Mais bien souvent de son insuffisance.

    Pour ceux qui, dans la foule,
Sentent le vent du désert les submerger,
Ceux pour qui demain n'est pas un allié,
Souvenez-vous que c'est dans le silence
Que l'essentiel nous parvient !
Pour intégrer les leçons de la vie,
Encore faut-il se libérer de ce que l'on n'est pas
Et s'autoriser à se perdre

Pour mieux se retrouver.
Nul besoin de glorification,
D'hommage ou de validation
Quand tu affrontes les épreuves.
Aucune crainte ne saura t'habiter,
Car chaque vie compte.

Le désespoir

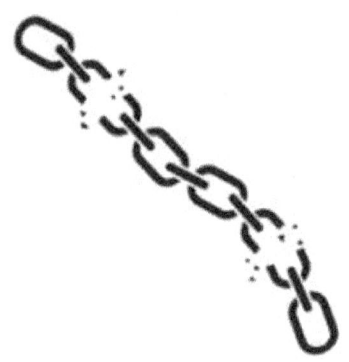

Captif du souffle de la vie
Dont tu ne peux te défaire,
Enfermé dans un monde qui t'a choisi,
Attendant que la mort te libère.

Dessein d'un être omniscient
Ou dessein de la vie,
Tout est éphémère,
Tout est philosophie
Et tout est mystère.

Quand tu auras dit adieu
À la chair et au sang qui t'ont été offerts,
Penses-tu jouir de la liberté tant convoitée ?
Au dernier festin des élus,
Affronteras-tu ton destin avec ironie ?

Le créateur a lancé son dé :
Il est temps de jouer ta partition
Avant que le cortège du silence ne soit invité.

Le prisonnier

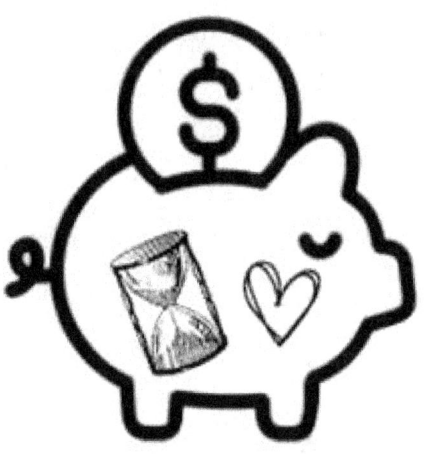

Il n'y a pas plus triste affaire
Que l'homme qui ignore son malheur.

Je suis d'avis qu'il faut s'honorer
Mais, à trop d'excès, l'on perd sa valeur.

Pétrifié par les fantômes chimériques
Des insécurités qui le hantent,
L'être avare nourrit sa faim insatiable
Du vide qui ne sera jamais comblé.
Malheureux prisonnier de ses peurs :
Peur d'aimer, peur d'être blessé,
Peur de trop donner, peur de s'oublier.
Alors l'homme malheureux
Économise ses sentiments,

Économise son savoir,
Et même son temps.
Il laisse filer entre ses doigts
La véritable richesse de l'âme.

Le malheureux

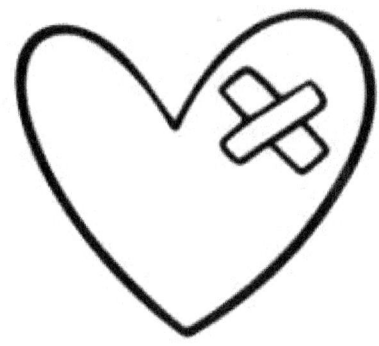

Il paraît que quand on appuie
Suffisamment sur une blessure,
Que l'on titille de près la douleur,
On finit par ressentir un certain sentiment d'adaptation.
Certains peuvent même y percevoir une forme de plaisir.
Alors on finit par adopter cette savoureuse souffrance
Que l'on brandit, tel un bouclier,
Car elle donne un sens à ce que l'on vit.
Un sens pour se battre et aller de l'avant
Ou un sens qui nous dévore
Et nous enlève toute lucidité et objectivité.
Sans cette exquise blessure, il n'y a plus de but, tant elle
est vorace.

Haïr semble plus facile
Que d'apprendre à comprendre,
D'apprendre à connaître et à aimer,
Apprécier et vivre, tout simplement.

Nous rejetons tout ce qui tend à alléger notre fardeau.
Car nous avons peur du vide sans elle.
C'est ainsi que, sans un regard, nous tournons le dos aux
mille sourires du destin.

La douleur

Tu t'observes dans le miroir,
Tu ne reconnais pas
La personne que tu vois.
Tu cherches dans ton regard
La lumière du lendemain,
Mais chaque jour est un éternel refrain.
Pourtant je me tiens à tes côtés,
Pourquoi ne vois-tu pas que je suis là ?

Tu observes le monde
Comme si tu n'en faisais pas partie.
Une soif qui restera inassouvie.
Et tu cherches un abri.
Pourtant je suis avec toi.
Pourquoi ne sens-tu pas ma présence ?

Tu ploies les genoux,
Les mains tendues vers l'horizon,

Implorant pour ta libération,

Car ton cœur a connu la trahison.

Pourquoi ne vois-tu pas ma main sur ton épaule ?

Ta voix me consume quand tu implores.

Tes larmes me brûlent quand elles coulent.

Tes peurs m'enchaînent quand tu leur ouvres ton esprit.

J'aimerais tellement te plaire.

Pourquoi cherches-tu si loin,

Alors que je marche dans tes pas ?

Je suis le regard que tu cherches

Dans le miroir.

Je suis toi !

Dialogue intérieur

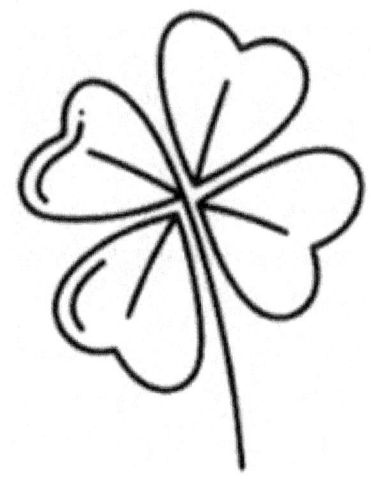

Quand ta sueur est faite de poussière,
Que tes vêtements te collent à la peau,
Que tes chaussures ne datent pas d'hier,
Que tes cicatrices racontent une histoire amère,

Alors tu penses au lendemain que ton esprit te permet d'imaginer.

Avoir été blessé jusqu'à l'âme,
Avoir perdu son enfance bien trop tôt,
Avoir nourri sa faim de rage,

L'indifférence comme seule amie,
Alors le désespoir reste la seule histoire à raconter.

Quand on a mordu la poussière
Pour un morceau de pain ou une main tendue, on perd
toute dignité et même l'envie de vivre.

Puisqu'il n'y a pas de lumière sur le chemin,
Pas d'étoile qui brille à l'horizon, on en veut à la Terre
entière pour l'histoire qui a mal commencé.
Puis au final ne plus rien songer,
Et attendre que le temps passe,
Secrètement espérer voir venir
La personne qui guérira les blessures de mots qui
chantent, de mots doux.

Juste une écoute
Changer une vie
Réécrire l'histoire.

L'incertitude

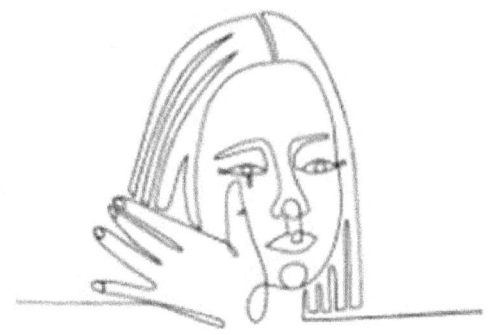

Je me rappelle, comme si c'était hier.
Chaque particule de mon âme se souvient
De la tempête derrière l'arc-en-ciel,
De la descente aux enfers.

Le néant qui embrase tout ton être
Et qui piétine ta fierté,
Donne d'une main
Et te poignarde de l'autre,
Laissant le cœur saigner jusqu'au désespoir. Faire souffrir
pour exister.

En tempo ou en balade,
Le chaud et le froid,
Ma raison avait perdu son sens.
Tout n'était qu'illusion !

J'ai naïvement cru qu'un peu de chaleur
Ferait fondre ton cœur.
Mais j'avais déjà perdu le combat.
Tes blessures étaient déjà putrides.
Tu savais si bien entretenir le mystère,
Changeant de masque pour mieux me perdre. Car j'étais
déjà brisée,
La cible idéale.

La douleur a pris mon dernier souffle.
J'ai rendu les armes. Et, à mon tour, j'ai
Érigé une forteresse de glace
Pour me protéger de la tempête derrière l'arc-en-ciel.

La tempête

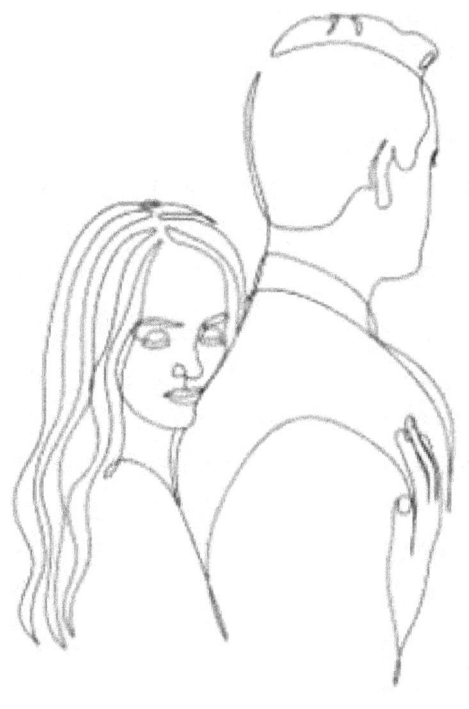

« *Ouvre grand tes oreilles !* » disait-elle.
Méfie-toi de l'homme habile de sa langue
Qui te charme de belles paroles
Et ne te quitte pas des yeux,
Qui perce précisément ton essence
Pour mieux en tirer les ficelles !

Car derrière l'homme se trouve la bête,
Une bête malade et triste
Qui sème des larmes

Et collectionne les cœurs brisés,
Cherchant désespérément
À combler le néant de son être.

Il te faut t'apprêter pour le combat.

Le baratineur

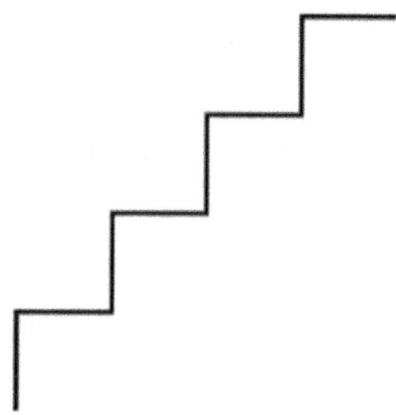

Le plus grand combat
Est celui que l'on mène pour sa propre existence.

Devenir une meilleure version de nous-mêmes,
Aujourd'hui plus que le jour précédent.

Car la plus grande souffrance
Est de devoir apprendre à vivre avec nos regrets.

Avancer

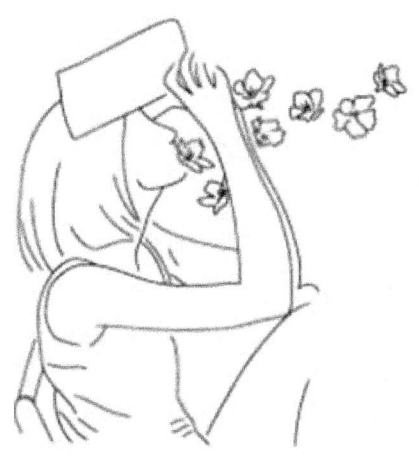

Debout sur le rocher
Elle a chanté au vent :

   " Si mon cœur me fait si mal
C'est par ce qu'il a trop saigné.

Si le chemin est si ardu pour l'atteindre
C'est par ce qu'il s'est trop éloigné.

Si j'ai dû mettre des barrières
C'est pour mieux le protéger. "

   Arrête de me demander pourquoi !
À la bouche venimeuse,

Elle lui répond :

" Ne juge pas ma vie
À ta capacité à vivre la mienne
Si tu étais à ma place !

Ne juge pas mon intelligence
À ta capacité à me comprendre !

Ne juge pas mes sentiments
À ta capacité à aimer !

Je ne te déteste pas,
Je déteste qui je suis dans ton regard. "

Existence

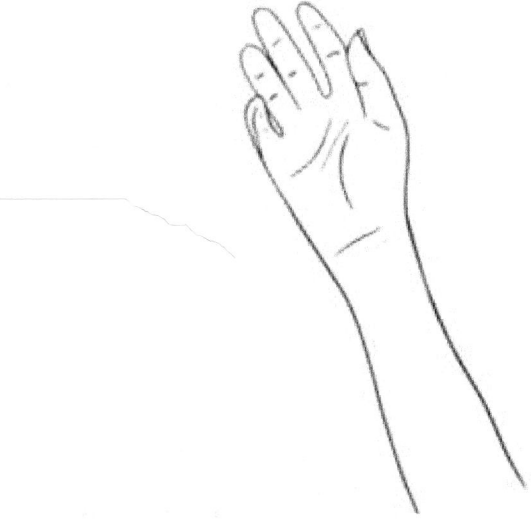

Tu es comme cette lumière
Qui brille dans les ténèbres.
Il me suffit de tendre la main et de te saisir,
Puis te laisser dessiner dans mon esprit
Des idylles puériles de bonheur.

Mais plus j'avance,
Plus mon cœur se serre.
Et plus j'ai peur
Et plus tu brilles.

Puis, je comprends :
La lumière ne brillera pas éternellement.

À trop te contempler sans jamais oser,
Tu t'éloignes.
Alors, je cours,
Mais mes chaînes me freinent dans mon élan.
Le doute et la peur se sont saisis de moi.
J'ai dû rêver de la lumière dans les ténèbres,
Un mirage dans la nuit
En attendant la prochaine lune.
Je te laisse partir douce lumière,
Car je n'ai jamais su être autrement.

Autosabotage

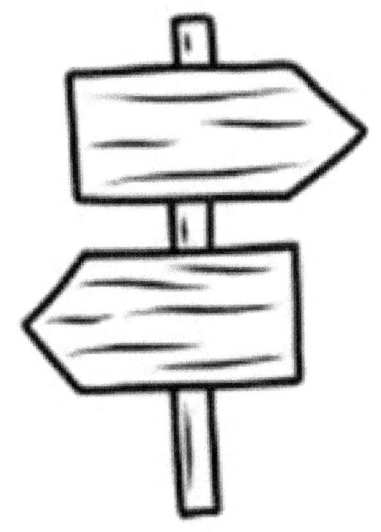

À force de frustration,
Tu finis par comprendre.

Si tu n'étais jamais tombé au plus bas,
Tu n'aurais jamais su que tu pouvais
Avoir la force de te relever.
Car quand tu ne peux contrôler tes émotions, le combat
est déjà perdu.

Tu finiras par comprendre.
Dès le moment où tu t'intéresses

Au mystère de ta personne,
Le regard du monde sur toi n'a plus le même sens.

Le voyageur

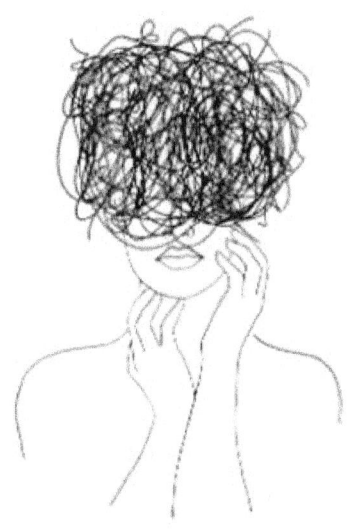

Il me semble parfois être étrangère à mon être.
Mon âme, ce juge aguerri,
Embrasse mon cœur de chaînes fertiles
Qui en moi réveillent les ténèbres.

Il me semble parfois être possédée par des pensées tourmentées,
Douce mélancolie, pleine de nostalgie,
Je ne sais que faire de cette anarchie
Si ce n'est, me lamenter.

Quand le fardeau devient trop lourd,
Quand le sol appelle mes genoux,
Les voix cessent enfin.

C'est alors que, pour un nouveau soleil,
Le dilemme recommence,
Une redondante ignorance.

Le regret

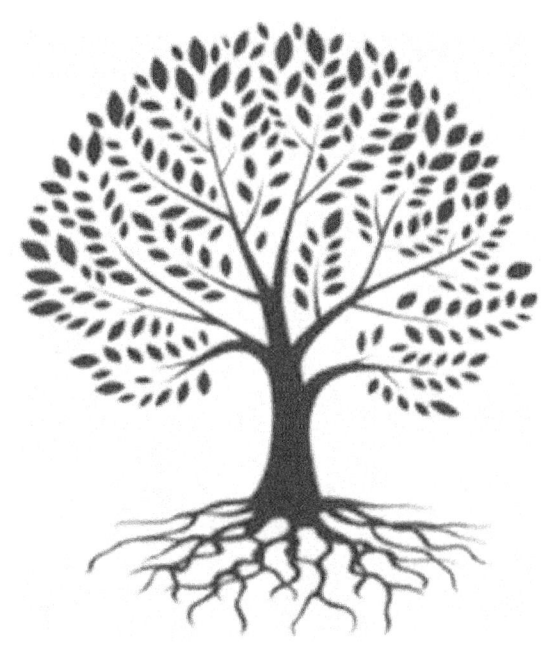

Il existe ce concept,
Qui a longtemps tourmenté mon esprit.
Celui des liens du cœur et des liens de sang.
Aussi complexe que l'origine du souffle qui nous donne la vie.

Comme les racines solides et grossières d'un arbre fécond qui s'infiltrent toujours plus loin et plus profondément tel un voyage sans fin,
Ils traversent le temps et défient même la mort,
Rendant la science muette à force d'interrogations.

Ils incarnent ceux pour qui nulle barrière n'existe si ce n'est le lien de la vie,

Les liens du cœur que les liens du sang ne peuvent égaler.

Les liens de vie

Grande maîtresse des saveurs
Et des plaisirs les plus subtils,
Habile de ses sens envoûtants
Te promet un bonheur enivrant.

Elle s'offre en récompense
Quand nous manquons d'ardeur.

Elle vient tromper l'ennui
Quand nous manquons de chaleur.
Elle nous met au défi des décibels
Quand la nuit nous marchons sur nos pas
Pour un moment de plaisir solitaire.

Et quand nous avons profité de sa savoureuse
générosité, elle nous fait honte.

Plus nous avons honte et plus nous nous abandonnons à elle,

Pour tromper notre mal-être.

Notre tendre amie réconfortante.

La gourmandise

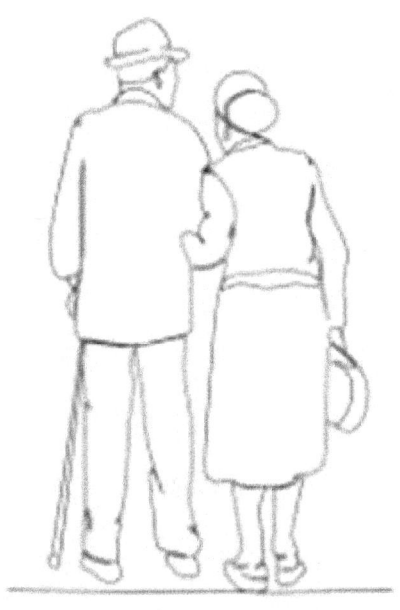

Deux amies sur le chemin
Qui marchent main dans la main
Ne se soucient plus du lendemain,
Et chantent le dernier refrain.

La jeunesse est partie avec le dernier printemps.
Plus rien n'a d'importance
Si ce n'est apprécier le temps.

Faire de son mieux
Pour un nouveau jour plus harmonieux,
Pour des mots plus mélodieux,

Un peu plus de chants que de larmes,
Une histoire qui s'écrit à deux
Et qui prend fin,
Sur le chemin,
À deux.

Sur le chemin

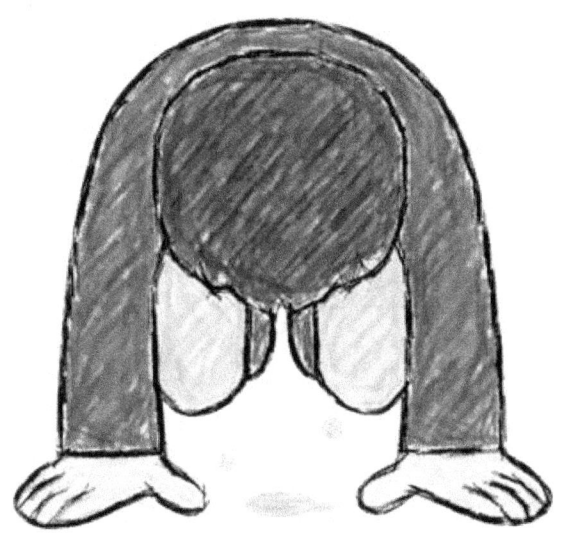

Il existe des douleurs si ardentes
Que le silence est la seule manière de les exprimer.

Il laisse son empreinte sur le visage
Pendant qu'il dévore de l'intérieur.

Les mots sont alors inutiles
Quand les yeux veulent tout dire.

Détresse

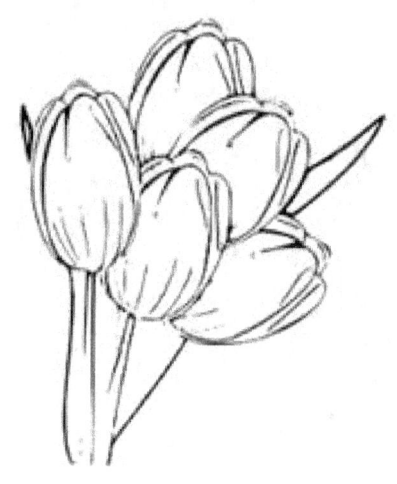

J'ai appris très tôt dans mon enfance
À dire au revoir :
Au revoir à l'innocence.
L'innocence et l'insouciance de ma vie
Dans les bras aimants de celle
Qui m'a donné vie,
Dans ce monde que je n'ai pas choisi.

J'ai dû dire au revoir à la crédulité
Pour voir les larmes derrière le sourire,
Les blessures derrière l'étreinte,
Le regard plein de mépris,
Les paroles assassines
Et les gestes de haine.

J'ai dit au revoir à la mélodie
Pour les sermons du peuple
Qui prétend connaître mes pas.
J'ai dit au revoir aux caprices pour la patience.
J'ai dit au revoir à la faiblesse pour le courage.
J'ai dû apprendre à choisir mes combats
Pour gagner la bataille.

J'ai dû abandonner pour mieux choisir,
J'ai dû encaisser pour devenir plus forte,
J'ai affûté mon regard pour voir le vrai,
J'ai aiguisé ma langue pour la justice.

C'est perpétuel,
Presque sans fin,
Comme une pression sur le cœur
Qui semble vider notre énergie.
Cette sensation d'avoir une dette envers la vie.

Mais, dès l'aube,
On chausse de nouveau ses souliers
Pour la route.

Grandir

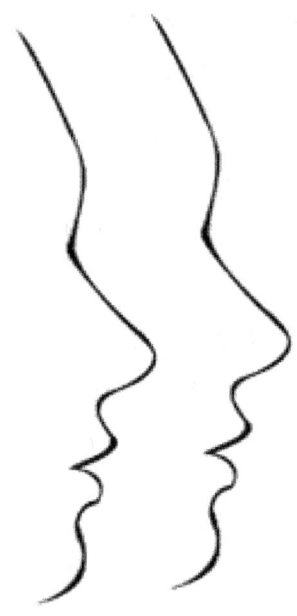

Parfois
Quand on prend le temps
De s'observer dans le miroir,
De regarder autour de soi,
Le temps qui s'est écoulé
Et le chemin parcouru,

On réalise, en dépit de tout,
Que nous avons toujours été seuls.
Un vide profond nous habite,
Même quand la chaleur nous embrase.

Avec le temps, on finit par s'y attacher,
Car c'est un bon confident.

Il connaît nos blessures et nos peurs,
Nos rêves et nos désirs.

Il nous libère de nos artifices et nous renforce.
Il nous permet d'assimiler les leçons de la vie
Que personne ne nous enseigne.
Il nous apprend à être les gardiens de notre propre
destinée.
Avec lui, on se bat pour avancer,
Car nous sommes guidés intérieurement.
Se battre pour soi, pour élever son potentiel,
Car la limite ne fait pas partie de son langage.

Il faut du courage pour marcher dans l'ombre
Et garder la tête haute.
Tolérer la solitude

Sans qu'elle assombrisse son cœur,
Être en paix avec soi-même et avec les autres.
Se tenir par la main et faire le premier pas,
Il n'y a que ça de difficile.

Un tête-à-tête

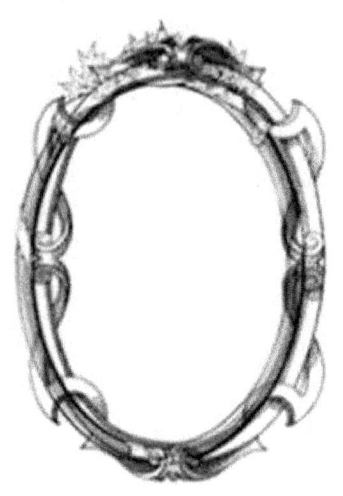

Au cours d'une vie
On se rend compte
Que de toutes les personnes
Qui nous ont côtoyés
Il y en a une pour qui
Notre cœur ne ressent pas de pitié.

On la regarde sans compassion.
Aucune erreur ne lui est pardonnée.
On daigne à peine lui accorder un regard.
Nous lui infligeons les pires punitions,
Mais rien ne vient combler le manque.
Ce manque de compassion et d'amour
À notre propre égard.

On se fait horreur et on vit avec,
Donnant au monde une raison d'en faire autant.
Commence par te prendre dans les bras
Et dis-toi merci d'être là malgré tout !
Sois la fleur qui apporte son parfum au jardin
Et non celle que l'on piétine !
Ce pouvoir n'appartient qu'à toi.

Le reflet

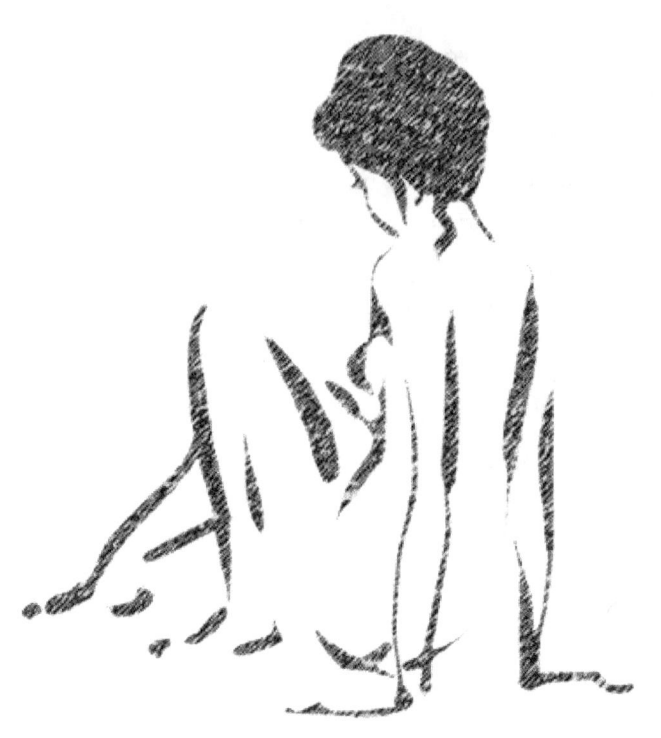

ILS

Dès la naissance
T'offrent le manuel de survie
Dans leur monde.

D'abord matricule
Appartenant à la famille de…

Manuel qui, dès le début,

Trace les lignes de ton destin.
Un mal originel, mais nécessaire, dit-on.

ILS te disent comment t'habiller,
Toujours paraître sans trop apparaître,
Toujours douce et délicate
Pour être dans les bonnes grâces.

ILS aiment quand tu sors des lignes,
Ils appellent cela la fougue ou le caractère
Ceux-là mêmes qui te traiteront de catin,
Te feront porter le fardeau de leurs dérives, le fardeau de
leurs vices
Quand ton regard pour eux s'éteindra.

ILS t'apprennent à dire oui
Avec un sourire
Et obéir.
Tu es trop fragile et trop délicate,
Tu parles avec émotion
Pour penser de toi-même,
Disent-ils.

Je sais ce qui est le mieux pour toi,
Fais ce que je te dis ou tu t'en mordras les doigts !

ILS te disent
Comment aimer
Qui aimer
Quand aimer

Quoi rêver
Quoi faire
Qui fréquenter
Et même quand donner la vie !

ILS viennent
Avec un sourire entendu
Louer ta beauté
Comme si ce cadeau de Mère Nature
Devrait à lui seul nous gonfler de fierté.

ILS te complimentent :
Tu es différente de toutes les autres,
Comme si tu devais te sentir honorée et fière
D'être meilleure à leurs yeux que toutes les autres.

ILS attisent la haine et la compétition
Entre nos sœurs
Sur des critères dont ils sont les seuls juges
Et se régalent de l'œuvre de leurs perversités.
Apprivoisées, de peur d'être consumées.

ELLES sont tellement plus que jolies !
Elles sont tellement plus que cela !
Les faiblesses qui leur sont attribuées
Les rendent tellement plus fortes :
Des survivantes,
Des battantes,
Des femmes libres.

Vous êtes exceptionnelles !

Le monde avec Elles

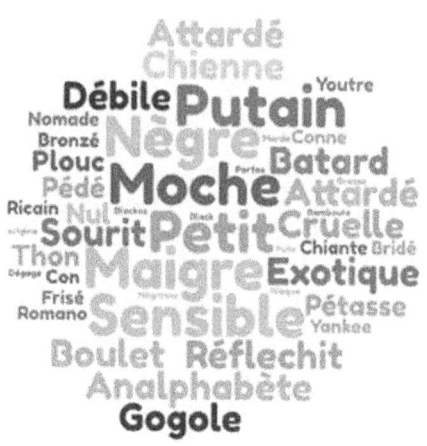

Parce qu'un regard a dévié,
Parce que le soleil s'est levé,
Parce qu'un sourire a été égaré,
On justifie notre immonde méchanceté.
Laissant le venin qui a pris racine en nous
Engloutir les malheureux qui croisent notre route.

On pointe du doigt
Pour assouvir notre frustration,
Pour passer le temps ou tromper l'ennui,
Utilisant les mots et les gestes pour tromper notre faiblesse.
Rabaisser pour s'élever est une illusion amère,
Encore plus déroutante quand elle s'accompagne d'ignorance.

Qualifications et comparaisons blessantes
Les surprises méprisantes
Les observations inutiles
La fausse jalousie
L'hypocrisie mal déguisée
Sont autant de manifestations
Dont nous savons jouer.

Alors, ne pointez pas une différence comme un écart
Nul ne devrait avoir honte de porter les couleurs de la vie.
Et d'avoir ses racines ancrées en soi.

Le mépris s'efface là où commence le respect.
Si vous n'avez que votre venin à offrir,
Juste, passez votre chemin.

Stéréotypes

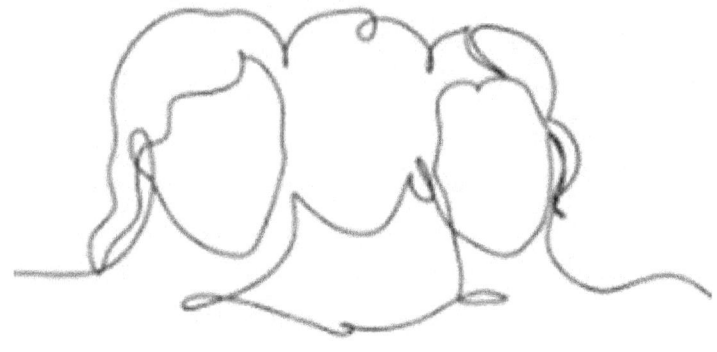

Elles, qui viennent d'ailleurs,
Des quatre coins de l'horizon
Laissent leurs marques dans la terre
Arrosée de leurs sueurs et de leurs larmes.

Tout en elles me fascine
Et je suis fière d'avoir
Une part d'elles en moi
À chaque instant et en tout temps.
Leurs complexités me régalent.
La nature a achevé son œuvre
Juste à la perfection.

Leur peau est faite de miel, d'or
Et d'une touche de soleil.

Parfois de cristal
Et d'un parfum envoûtant
Enrobé dans de la soie blanche.
Elles portent avec distinction
Leurs couronnes de nuage
Chargées d'histoire
Pour exprimer leur liberté.
Ou leur couronne de dentelle
Ornée de parures exquises
Pour parfaire leur élégance.

Leur sourire ferait rougir
La plus blanche des neiges
Car, de leurs lèvres
Coule un nectar enivrant.
Dont les paroles dégagent
Comme une chaleur attachante.

Chaleur d'une mère qui se courbe
Sous le poids de la société
Et qui toujours, la tête haute
Malgré tout,
Nous élève pour que nous soyons libres.

Parfois,
Elles portent sur le visage et sur le corps
Les cicatrices de leur dur combat
Pour la survie

Les genoux écorchés, mais toujours debout,
Toujours présentes sur tous les fronts
Pour le bien des leurs.

Qui osera dire qu'elles ne sont pas
Exceptionnelles et admirables ?
C'est l'histoire des survivantes.

Les amazones

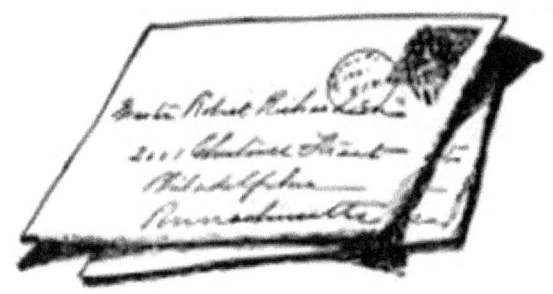

J'ai entendu dire, il y a fort longtemps,
Que personne ne choisit là où il naît.
Les grands disciples appellent cela le destin.

Des hommes, qui au nom de ce destin érigent
Des frontières et des murs pour séparer les hommes.

Façonnent des masques de distinction.
Créent des titres, des races
Et des classes sociales,
Afin de garder le pouvoir
Et asservir leurs frères et sœurs.
Ils souillent la terre du sang et de la sueur des hommes du
peuple pour nourrir leurs faims insatiables,
Faisant d'eux des machines dénuées de toute humanité.

À ceux qui me lisent,
D'autres avant moi ont semé les graines d'espoir et ceux
qui, au moment même où mon cœur bat encore, portent

leurs voix pour toucher vos âmes, permettez-moi de jouer également ma partition !

La Terre est bien assez grande pour nous tous,
Pour toute diversité, chacun y a sa place.

Nous pouvons être tous libres
Mais nous l'avons oublié.
Nous avons oublié le vrai sens de la Liberté.

Nous sommes devenus esclaves de nos vices qui empoisonnent nos cœurs et nous empêchent de nous tourner vers l'essentiel.

Nous pensons à tort que le progrès fait de nous des êtres libres, des êtres plus forts, plus intelligents, plus invincibles. Des dieux. Mais nous serons toujours assoiffés de plus encore.

Nous devenons encore plus ignorants à force de connaissances. Nous devenons inhumains à poursuivre des machines et des rêves de grandeur durant notre courte existence.

Et nous oublions d'aimer.
Nous oublions de prendre un moment,
Juste un instant, pour ressentir, observer et respirer.

Nous pensons trop au lendemain qui ne nous appartient pas.

N'offrez pas des offrandes à des machines sans cœur, et votre vie pour des causes qui nuisent à vos prochains !
La bonté est dans tout humain, puisque personne ne naît mauvais.

Rejetez donc tout ce qui n'est pas humain !
Brisons toutes les entraves !
Menons la seule guerre qui en vaille la peine, et finissons-en avec les barrières raciales, de classes sociales, la haine, la médisance, et l'intolérance,
Pour retrouver la véritable liberté !

La lettre de sang

POSTFACE

Ce recueil relate mon regard sur le monde
De mes yeux d'une personne en devenir
Qui s'interroge.
Des mots que je n'ose crier,
Des mots qui n'osent quitter
La sécurité de mes lèvres.
À travers ma plume, je m'exprime,
Espérant toucher votre cœur.

Chères lectrices, chers lecteurs,

Merci d'avoir mis votre vie entre parenthèses pour vous plonger dans mes pensées. La lecture n'a sans doute pas été facile. Il m'a été difficile de revêtir toutes ces douleurs et de ces émotions. Elles font partie de notre vie, du quotidien de certains.

J'avais besoin de les coucher sur papier pour me libérer de leur emprise et, peut-être, vous aider à prendre conscience du mal qui nous ronge subtilement. Mon but n'est pas de jeter de l'ombre sur votre soleil, mais je vous invite à trouver la lumière malgré l'obscurité.

Merci également à Margaux Leclerc qui a décortiqué ce recueil de son œil avisé.

Celeste

À PROPOS DE L'AUTEURE

Artiste dans le cœur, Celeste a nourri son affection pour les vers dès son plus jeune âge à travers les livres qu'elle lisait dans son enfance.

« Quand je lis, j'ai l'impression de m'immerger dans un nouveau monde, plein de possibilités. Je m'y sens bien, en sécurité et libre », disait-elle.

Alors, elle décide de créer son propre havre de paix en s'essayant à l'écriture. Trouvant ses modèles dans les contes ancestraux africains, des écrivains qui savaient charmer les sens, par le charisme de leur verbe.

Ses premiers essais furent adressés à sa mère qui l'a toujours encouragée à écrire en la conseillant de laisser libre cours à son imagination.

Aujourd'hui, elle se lance un nouveau défi avec ce recueil de poésie, à cœur ouvert sur le monde qui l'a vue naître.

Suivre l'autrice :
Instagram : @a.n_celeste

TABLE DES MATIÈRES